Petit monde vivant

LES TERRES HUMIDES

Bobbie Kalman et Amanda Bishop

Traduction : Lyne Mondor

Les terres humides est la traduction de *What are Wetlands?* de Bobbie Kalman et Amanda Bishop (ISBN 0-86505-970-5).
© 2003, Crabtree Publishing Company, 612 Welland Ave., St. Catharines, Ontario, Canada L2M 5V6

Catalogage avant publication de la Bibliothèque nationale du Canada

Kalman, Bobbie, 1947-

Les terres humides

(Petit monde vivant)
Comprend un index.
Traduction de: What are wetlands?.
Pour enfants de 6 à 10 ans.

ISBN 2-89579-014-0

1. Écologie des zones humides - Ouvrages pour la jeunesse. 2. Zones humides -
Ouvrages pour la jeunesse. I. Bishop, Amanda. II. Titre. III. Collection: Kalman,
Bobbie, 1947-   . Petit monde vivant.

QH541.5.M3K3614 2004   j577.68   C2004-940074-6

Nous reconnaissons l'aide financière du gouvernement
du Canada par l'entremise du Programme d'Aide au
Développement de l'Industrie de l'Édition (PADIÉ)
pour nos activités d'édition.

**Conseil des Arts   Canada Council
du Canada   for the Arts**

Éditions Banjo remercie
le Conseil des Arts du Canada du soutien
accordé à son programme d'édition dans
le cadre du programme des subventions
globales aux éditeurs.

Cet ouvrage a été publié avec le soutien de la SODEC.

Gouvernement du Québec – Programme de crédit
d'impôt pour l'édition de livres – Gestion SODEC.

Dépôt légal – Bibliothèque nationale du Québec, 2004
Bibliothèque nationale du Canada, 2004
ISBN 2-89579-**014**-0

Les oiseaux
© Éditions Banjo, 2004
233, av. Dunbar, bureau 300
Mont-Royal (Québec)
Canada H3P 2H4
Téléphone: (514) 738-9818 / 1-888-738-9818
Télécopieur: (514) 738-5838 / 1-888-273-5247
Site Internet: www.editionsbanjo.ca

Imprimé au Canada
1 2 3 4 5 II/20HD 08 07 06 05 04

Table des matières

Les terres humides

Les terres humides sont des terres imprégnées d'eau, au moins une partie de l'année. Ainsi, certaines d'entre elles sont recouvertes jusqu'à 2 mètres d'eau toute l'année, tandis que d'autres sont immergées seulement durant certaines périodes de l'année. Dans certaines terres humides, l'eau ne repose pas au dessus de la surface du sol, mais la terre est détrempée, ou saturée d'eau.

Les terres humides se forment lorsque l'eau s'accumule sur le sol. Cette eau peut être douce ou saline. L'eau saline contient du sel. Les quatre principaux types de terres humides constituées d'eau douce sont les marais, les marécages, les plaines inondables et les tourbières. Les terres humides salines comprennent les marais salés et les mangroves. Les terres humides abritent une grande variété de végétaux et d'animaux.

Les sources d'eau

L'eau des terres humides peut provenir d'une source unique ou de plusieurs sources différentes. L'eau de surface, qui provient d'une source souterraine, monte en bouillonnant à travers le sol, créant des sources et des mares. Une précipitation est une chute d'eau provenant de l'atmosphère sous forme de pluie ou de neige. Lorsque plusieurs précipitations tombent sans être absorbées par la terre, cela contribue à la formation de ruissellement, c'est-à-dire d'eau se déplaçant à la surface de la terre, d'une région à une autre. Le ruissellement peut aussi provenir d'eau s'écoulant de sources souterraines.

Le ruissellement provenant de précipitations peut alimenter une terre humide ou même en former une si une dépression ou un creux dans le sol recueille l'eau.

Le sol détrempé

L'eau peut s'infiltrer même dans les plus petits orifices ou les fissures présents dans le sol. Toutefois, le sol des terres humides retient l'eau, ce qui provoque une accumulation. Une couche souterraine de roche solide, appelée substratum rocheux, empêche l'eau de s'infiltrer dans le sol et de s'écouler. L'eau s'accumule et comble tous les petits espaces dans le sol, qui devient alors saturé d'eau. Il arrive parfois que l'eau forme des nappes aquifères, ou mares souterraines, sur le substratum rocheux.

L'eau du sol

Les terres humides se trouvent dans toutes les parties du monde, excepté en Antarctique. Plusieurs terres humides se forment là où les lacs, les rivières et les océans rejoignent la terre. Les terres humides peuvent se former presque partout, pourvu qu'il y ait suffisamment d'eau pour que le sol reste détrempé.

L'eau douce

Tous les êtres vivants ont besoin d'eau douce pour survivre, même ceux qui vivent dans les terres humides saumâtres! L'eau de surface et les précipitations sont des sources d'eau douce. Le **cycle de l'eau** fait circuler l'eau douce dans l'environnement.

Devenir détrempé

Le cycle de l'eau contribue à approvisionner les terres humides en eau douce, cette dernière étant nécessaire aux animaux et aux végétaux qui y vivent. Certaines terres humides restent détrempées durant toute l'année. Les terres humides saisonnières s'assèchent toutefois une partie de l'année, lorsque les précipitations sont insuffisantes pour que leur sol reste trempé. Grâce au cycle de l'eau, l'eau de surface et l'eau de ruissellement sont en mouvement constant, ce qui assure un approvisionnement régulier en eau douce aux terres humides saisonnières et intérieures.

Les filtres de la nature

L'eau qui pénètre dans les terres humides est souvent **polluée**. Au cours de ses déplacements sur le sol, l'eau de ruissellement se charge de résidus chimiques tels que des **pesticides**. La pollution de l'air provoque des pluies acides, qui causent du tort aux végétaux et aux animaux. Certaines plantes, comme ces pontédéries cordées (illustrées à droite), contribuent à purifier l'eau des terres humides. Elles filtrent l'eau qui entre dans les terres humides et en retirent les résidus chimiques. Certaines plantes absorbent l'acidité de l'eau, assurant ainsi un approvisionnement d'eau potable aux autres habitants des terres humides.

La circulation de l'eau

En circulant dans l'environnement, l'eau change de température et d'état plusieurs fois. Par exemple, lorsque les températures sont froides, l'eau passe de l'état liquide à l'état de glace. Sous l'action de la chaleur, la glace fond et redevient liquide. Toujours sous l'effet de la chaleur, l'eau s'**évapore** et passe à l'état de vapeur d'eau. Enfin, la vapeur se **condense**, c'est-à-dire se liquéfie par refroidissement.

Le cycle de l'eau est intimement lié au climat, c'est-à-dire aux conditions météorologiques d'une région considérées sur une longue période. Par exemple, dans une région froide où la pluie tombe abondamment, l'évaporation de l'eau est lente, ce qui favorise les accumulations d'eau sur le sol. Ces conditions peuvent contribuer à l'apparition d'une tourbière (voir en pages 20-21). Différents types de terres humides peuvent apparaître en fonction des climats. Cela dépend de la manière dont le climat affecte le cycle de l'eau dans une région.

Lorsque les précipitations tombent, l'eau s'infiltre dans le sol, s'écoule dans les cours d'eau ou est absorbée par les racines des végétaux.

Les vapeurs d'eau se condensent et forment des nuages lorsqu'elles se refroidissent. Lorsqu'il y a suffisamment de vapeurs accumulées, elles retombent sur Terre sous forme de précipitations.

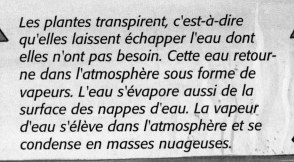

Les plantes transpirent, c'est-à-dire qu'elles laissent échapper l'eau dont elles n'ont pas besoin. Cette eau retourne dans l'atmosphère sous forme de vapeurs. L'eau s'évapore aussi de la surface des nappes d'eau. La vapeur d'eau s'élève dans l'atmosphère et se condense en masses nuageuses.

La végétation des terres humides

Les roseaux communs sont des plantes émergentes. Ils peuvent pousser 3 mètres au-dessus de la surface de l'eau.

Les plantes flottantes, comme ce nénuphar, sont munies de feuilles qui flottent à la surface de l'eau. L'air que respirent les feuilles descend jusqu'aux racines par des tiges creuses.

Le sol détrempé des terres humides est appelé sol hydrique. Seulement quelques types de plantes, appelées hydrophytes, sont capables de pousser dans ce genre de sol. Le mot « hydrophyte » tire son origine de deux mots grecs, l'un signifiant « eau », l'autre, « amoureux ». Certains hydrophytes, comme les potamots, sont submergés, c'est-à-dire qu'ils vivent sous l'eau. Les hydrophytes flottants, comme les jacinthes d'eau, flottent à la surface. Les végétaux émergents, comme les quenouilles, sont enracinés au fond de l'eau, mais leurs tiges et leurs feuilles poussent hors de l'eau.

Obtenir suffisamment d'air

Tous les végétaux ont besoin d'air pour se développer. L'air contient des gaz, comme le **gaz carbonique**, dont les plantes ont besoin. Les sols hydriques sont si saturés d'eau qu'ils ne contiennent que très peu d'air. Les plantes hydrophytes ont développé des caractéristiques particulières pour puiser l'air dont elles ont besoin. Certaines possèdent des feuilles contenant des poches d'air leur permettant de flotter. D'autres sont munies de tubes creux qui relient leurs parties situées au-dessus de la surface de l'eau à celles qui sont submergées.

Accumulation de terre

Les végétaux jouent un rôle important durant les premiers stades de formation des terres humides. Les premières plantes qui s'enracinent au fond d'une nappe d'eau sont les plantes émergentes, telles que les joncs et les roseaux. Elles se multiplient et poussent rapidement. Les plantes émergentes offrent de la résistance aux courants d'eau. Elles font tournoyer l'eau, ce qui en ralentit les déplacements. Les eaux courantes transportent des sédiments, c'est-à-dire des particules de terre et de roche, ainsi que des débris végétaux. Lorsque le courant ralentit, les sédiments se déposent progressivement au fond de l'eau, se logeant et s'accumulant autour des racines des plantes émergentes.

L'eau peu profonde

Au fur et à mesure que les sédiments s'amoncellent au fond de l'eau, la nappe d'eau devient moins profonde. Ce phénomène est appelé remblaiement. Lorsque des sédiments s'accumulent en quantité suffisante, les végétaux qui ne peuvent survivre qu'en eau peu profonde arrivent à s'implanter dans ce nouveau sol parmi les plantes émergentes. Plusieurs espèces de plantes hydrophytes commencent alors à croître, formant ainsi une terre humide.

Peu d'arbres peuvent survivre dans les sols détrempés des terres humides. Les arbres des marécages, comme les cyprès, sont adaptés à la vie dans l'eau. Grâce à leur base conique massive, les cyprès sont solidement implantés malgré le courant de l'eau.

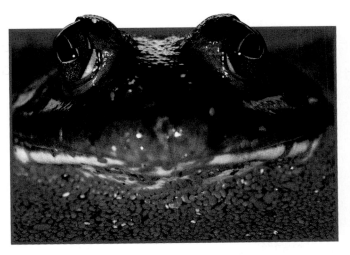

Cette grenouille est entourée de lentilles d'eau, qui sont les plus petites plantes à fleurs de la planète.

9

La vie animale

Le tantale ibis est un oiseau qui fréquente les terres humides. Ses longues pattes lui permettent d'arpenter les eaux peu profondes afin d'attraper des poissons avec son bec.

Les terres humides abritent une grande variété d'animaux qui souvent ne se rencontrent nulle part ailleurs. Ces animaux sont de taille très variée, allant de créatures **microscopiques** à de grands **reptiles**, tels des alligators, ou des **mammifères**, tels des lamantins. Les animaux qui peuplent les terres humides comprennent des milliers d'espèces d'araignées, de vers, d'insectes et de petits **crustacés**, comme des crabes, des crevettes et des écrevisses. Les poissons pénètrent dans les terres humides en passant par les ruisseaux ou les lacs qui alimentent les environs. Les animaux trouvent leur nourriture et s'abritent dans les terres humides.

Ils sont partout!

Peu importe où est située la terre humide, il existe un insecte – le moustique – qui aimera s'y installer. Les moustiques vivent dans la plupart des terres humides, qu'elles soient constituées d'eau douce ou d'eau saline, que leur climat soit chaud ou froid. Les moustiques peuvent même survivre dans l'urne des plantes carnivores (voir en page 21)! Habituellement, les insectes se font digérer par les plantes carnivores en forme d'urne, mais les moustiques, eux, sont capables de s'y **reproduire**!

Vivre aux abords de l'eau

Les animaux des terres humides doivent être capables de vivre dans des conditions humides. Comme tous les animaux, ils doivent respirer de l'**oxygène** et trouver suffisamment de nourriture pour survivre. Les poissons sont munis d'organes de respiration appelés branchies leur permettant de respirer de l'oxygène sous l'eau. Certains insectes et certaines araignées aquatiques peuvent former des bulles d'air autour de leur corps. Ils les utilisent ensuite pour respirer lorsqu'ils se déplacent sous l'eau! Les oiseaux et les mammifères des terres humides retiennent leur souffle lorsqu'ils vont sous l'eau et respirent lorsqu'ils remontent à la surface. Les **amphibiens** sont à l'aise dans cet habitat, car ils sont capables de vivre dans l'eau ou sur la terre.

Les grenouilles sont des amphibiens vivant dans les lieux marécageux ou à proximité de ceux-ci. Cet environnement humide prévient la sécheresse de leur peau.

Seulement de passage

Certains animaux ne vivent pas en permanence dans les terres humides, mais les visitent pour s'approvisionner en eau et en nourriture. Toutes sortes d'espèces animales se reproduisent et élèvent leur progéniture dans les terres humides. Plusieurs oiseaux s'y arrêtent pour s'y reposer lorsqu'ils migrent, c'est-à-dire lorsqu'ils se déplacent de leur abri d'hiver à leur abri d'été. Bien souvent, ils cachent leur nid parmi les plantes émergentes et y pondent leurs œufs.

De grands animaux, comme ce caribou, visitent les terres humides pour se nourrir de plantes et se désaltérer.

Les communautés des terres humides

Les terres humides sont des écosystèmes. Un écosystème est constitué des végétaux, des animaux et du climat d'une région. Dans une terre humide, chaque être vivant dépend des végétaux et des animaux qui s'y trouvent pour leur survie. À titre d'exemple, les plantes des terres humides procurent de la nourriture et des abris à plusieurs animaux. Certains animaux sont utiles aux plantes des terres humides, car ils assurent leur **pollinisation** ou dispersent leurs graines, favorisant ainsi la croissance de nouvelles plantes. Lorsque les végétaux et les animaux vivent en état d'équilibre, l'écosystème est en santé. Si une partie de la communauté disparaît, c'est l'ensemble de l'écosystème qui en souffre.

Fabriquer de la nourriture

Les plantes fabriquent leur propre nourriture grâce à un processus appelé photosynthèse. À partir de l'énergie solaire, les végétaux associent de l'eau et du gaz carbonique. Ce processus forme un type de glucide dont les plantes se nourrissent. En effectuant la photosynthèse, les végétaux libèrent aussi de l'oxygène.

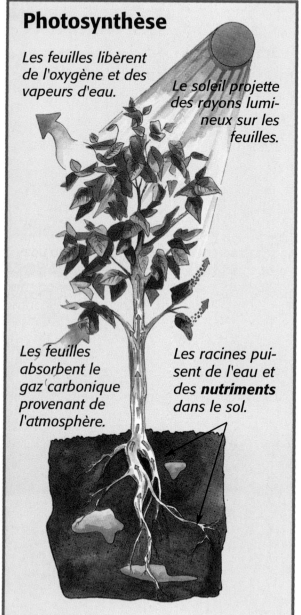

Photosynthèse

Les feuilles libèrent de l'oxygène et des vapeurs d'eau.

Le soleil projette des rayons lumineux sur les feuilles.

Les feuilles absorbent le gaz carbonique provenant de l'atmosphère.

*Les racines puisent de l'eau et des **nutriments** dans le sol.*

*Le point de départ de toute **chaîne alimentaire** est le soleil, qui fournit aux plantes l'énergie dont elles ont besoin pour fabriquer leur propre nourriture.*

Les liens unissant les chaînes

L'énergie que renferment les végétaux transite parmi tous les animaux habitant les terres humides. Certains animaux tirent leur énergie directement de la consommation de plantes. Ces animaux sont appelés herbivores. D'autres animaux tirent de l'énergie en mangeant les animaux consommateurs de plantes. Ces animaux sont des carnivores, c'est-à-dire des consommateurs de chair animale. Les liens entre les plantes des terres humides, les herbivores et les carnivores constituent des chaînes alimentaires. Ces chaînes alimentaires englobent aussi de minuscules organismes appelés décomposeurs. Ils se nourrissent de plantes et d'animaux morts en état de putréfaction. En se nourrissant, les décomposeurs fractionnent les débris de plantes et d'animaux, les transformant ainsi en nutriments qui s'incorporent à la terre. Ces nutriments favorisent la croissance de nouvelles plantes.

13

Les marais

Les marais constitués d'eau douce sont répandus. Ils se forment le long des rives des lacs, des rivières et des étangs. Ils peuvent aussi se former dans les lacs peu profonds, lorsque les plantes émergentes commencent à croître le long des rives et que les sédiments, qui se déposent au fond de l'eau, s'accumulent autour de leurs racines. Les marais sont recouverts d'eau à l'année.

Marais, marais, marais !

Si les arbres sont incapables de pousser dans les marais, il existe cependant plusieurs autres espèces de végétaux qui le peuvent. Une végétation émergente, comprenant des roseaux, des quenouilles et des joncs, pousse près du rivage. Les eaux plus profondes sont colonisées par des plantes flottantes, comme des nénuphars. Au fur et à mesure que se forment des dépôts sédimentaires, d'autres plantes à fleurs s'enracinent progressivement.

Les rats musqués sont des animaux répandus dans les marais.

La vie des marais

L'écosystème des marais supporte une grande variété de vie animale. Les poissons peuvent vivre dans les marais, car l'eau reste toute l'année. Les tiges des plantes aquatiques submergées servent d'abri et de lieu de nidification aux poissons, aux amphibiens et aux insectes. Les plantes contribuent à cacher les œufs des yeux des **prédateurs**. Au-dessus du niveau de l'eau s'élèvent de longues plantes grasses qui offrent une protection aux oiseaux, aux mammifères et aux reptiles qui couvent, qui élèvent leur progéniture ou qui se cachent des prédateurs.

Quand les butors se sentent menacés, ils étirent leur cou et orientent leur bec vers le ciel. Leur plumage strié, qui se confond avec les roseaux environnants, sert de camouflage.

Les marécages

Un marécage est une zone humide où poussent des arbres. Il se forme habituellement lorsque des dépôts sédimentaires s'accumulent dans un marais. Dans les parties peu profondes d'un marécage, le sol peut s'assécher durant la saison chaude. Les parties les plus profondes d'un marécage sont recouvertes d'eau toute l'année. Seulement quelques espèces d'arbres, comme les frênes, les chênes, les érables, les ormes et les cyprès, sont capables de survivre dans les régions les plus profondes d'un marécage, où leurs racines sont immergées. Les marécages sont habituellement nommés d'après le type d'arbres qui y pousse.

Les arbres s'installent

Les graines sont incapables de germer sur un sol recouvert d'eau. Dans les marécages, le niveau de l'eau descend lorsqu'il y a peu de pluie. Le niveau de l'eau se trouvant sous la surface du sol durant les périodes plus chaudes, les graines qui tombent peuvent alors germer. Elles prennent ensuite racine dans le sol et commencent leur croissance parmi les plantes émergentes et les racines des arbres déjà implantés. Lorsque les jeunes arbres sont enracinés, ils peuvent survivre sous l'eau de courtes périodes de temps. Lorsque l'eau s'assèche, les arbres poursuivent leur croissance.

Un marécage de cyprès.

Un marécage durant la période hivernale.

16

Les forêts humides

Un marécage constitue un **habitat** unique pour la faune et la flore, car il est formé d'une zone humide et d'une forêt. Les grands arbres procurent des abris, tandis que les mares fournissent l'eau douce aux plantes et aux animaux. Les marécages abritent une très grande variété d'oiseaux. Ceux-ci nichent dans les branches d'arbres et trouvent leur nourriture dans l'eau. Les différents marécages de l'Amérique du Nord abritent de grands animaux, comme les orignaux, les castors et les alligators.

Ce cerf de Virginie semble minuscule comparativement aux énormes racines des arbres situés derrière lui.

Devenir marécageux

En bloquant l'écoulement des cours d'eau, les barrages édifiés par les castors créent parfois de nouveaux marécages. Ne pouvant plus circuler, l'eau déborde par-dessus les bords du ruisseau. Elle inonde le sol, créant ainsi une grande mare sur la surface de la terre. Dans la zone inondée, peu d'arbres arrivent à survivre lorsque leurs racines sont submergées, car elles n'ont plus suffisamment d'air. Toutefois, certains arbres, tels que les peupliers et les saules, survivent facilement à ces conditions. Ils deviennent rapidement les principaux arbres à coloniser les marécages.

Ce castor nage avec une branche de saule qu'il utilisera pour construire sa hutte.

Les plaines inondables

Les plaines inondables sont des terres humides peu profondes qui ne sont pas toujours recouvertes d'eau. Leur sol détrempé ne laisse paraître que très peu d'eau en surface. Les plaines inondables ont des surfaces habituellement plates ou légèrement concaves, avec des cavités qui retiennent l'eau. Elles recueillent principalement l'eau provenant des sources d'eau souterraines et du ruissellement.

Des terres humides peu profondes

Les plaines inondables ont moins d'eau que les marais ou les marécages, et presque toute cette eau reste sous la surface du sol. Pendant la saison sèche, il y a tellement d'eau qui s'évapore du sol des plaines inondables que cela crée de l'espace pour l'air. À cause de cela, les plantes hydrophytes et d'autres types de plantes arrivent à croître dans ce milieu. Les plaines inondables sont souvent recouvertes d'herbes et de carex, ce qui les rend attrayantes pour certains animaux, tels que les chevreuils, qui broutent l'herbe. Les plantes attirent aussi plusieurs petits rongeurs, qui sont eux-mêmes une source de nourriture pour les chouettes et les autres oiseaux de proie.

Une tourbière s'est formée au centre de cette plaine inondable. Les tourbières et les plaines inondables se développent souvent à proximité l'une de l'autre.

 # Les tourbières

Les tourbières se forment dans les régions où les précipitations sous forme de pluie ou de neige sont abondantes et où les températures fraîches freinent l'évaporation. Dans la plupart des tourbières, on ne voit pas d'eau recouvrant la surface, mais l'eau qui se trouve en dessous est souvent très profonde. Les tourbières sont si **acides** que peu d'espèces animales et végétales sont capables d'y vivre. Très peu de décomposeurs peuvent vivre dans ces conditions acides. Sans eux, les végétaux et les animaux se décomposent lentement, ce qui entraîne l'accumulation de matière organique. Sous l'effet de l'accumulation, les couches du fond sont comprimées et se transforment en une matière appelée tourbe. Cette matière a la capacité d'emmagasiner de grandes quantités d'eau et d'oxygène. C'est la raison pour laquelle certaines personnes achètent de la tourbe qu'elles étendent ensuite dans leur jardin pour favoriser la croissance de leurs plantes. Étant donné que la tourbe prend beaucoup de temps à se former, les tourbières sont souvent détruites, car les gens récoltent la tourbe plus vite qu'elle ne se forme.

Des plantes affamées

Les tourbières abritent des plantes étranges appelées **plantes carnivores**. Elles sont munies de dispositifs originaux leur permettant de capturer et de manger des insectes ! Une fois l'insecte capturé, les plantes sécrètent des sucs digestifs qui transforment leurs parties molles en un liquide pouvant être absorbé.

Propre et sec

La **mousse de sphaigne** se trouve dans les tourbières et certaines plaines inondables. Les gens font plusieurs usages de cette mousse qui a un grand pouvoir d'absorption des liquides. Elle a récemment été utilisée pour nettoyer des déversements d'huile ! La mousse de sphaigne a aussi une action antibactérienne, ce qui la rend parfaite pour panser des plaies.

Types de tourbières

Une tourbière mouvante présente une surface d'aspect solide, mais qui recouvre en réalité une nappe d'eau. Une tourbière surélevée se forme lorsque les couches de tourbe se trouvant au fond deviennent si entassées que l'eau n'arrive plus à passer à travers elles, ce qui provoque la formation d'une mare. Une nouvelle couche de tourbe apparaît alors et forme un dôme au-dessus de la mare d'eau. Dans les climats frais, une couverture tourbeuse se forme sur les surfaces planes ou sur les pentes douces.

Les dionées capturent leurs proies grâce à leurs tentacules visqueux.

Cette sarracénie pourpre est entourée de mousse de sphaigne. Les sarracénies pourpres possèdent des feuilles aux bords glissants. Les insectes glissent sur les feuilles et se noient dans le liquide se trouvant au fond de l'urne.

Les marais salés

Les terres humides salines diffèrent légèrement des marais, des marécages et des plaines inondables constitués d'eau douce. La plupart des terres humides salines se trouvent le long des côtes des océans et des mers. Elles sont habituellement constituées d'eau salée ou d'un mélange d'eau douce et d'eau salée.

L'eau salée de l'océan s'infiltre sous la terre et alimente ce marais salé.

C'est encore la marée !

Les marais salés sont des terres humides salines. La plupart d'entre eux se trouvent le long des littoraux. À la différence des terres humides d'eau douce, les marais salés sont recouverts d'eau seulement la moitié du temps. Les **marées** des océans montent et descendent chaque jour. Durant la marée haute, la majeure partie de la zone littorale est submergée. À marée basse, l'eau se retire et découvre le sol.

Devenir salé

Les terres humides salines intérieures se forment loin des océans et des mers, le plus souvent dans les climats très chauds. L'eau contient de petites quantités de sel et d'autres minéraux. Lorsque l'eau d'un marais intérieur s'évapore, elle laisse derrière elle le sel qu'elle contenait. Lorsque l'eau s'évapore plus vite qu'elle n'est remplacée, l'eau qui reste a une teneur en sel plus élevée.

L'eau salée des terres humides intérieures abrite souvent des flamants roses.

La formation d'une terre humide littorale

La plupart des marais salés se forment dans les vasières, qui sont des zones abritées en pente douce, apparaissant le long des côtes lorsque la marée se retire. Plusieurs ruisseaux et rivières d'eau douce se déversent dans l'océan. Ils transportent habituellement beaucoup de sédiments qui s'accumulent dans les vasières sous l'effet des marées.

Les sédiments fournissent aux vasières les éléments nutritifs et les minéraux dont les plantes ont besoin. Les ruppies maritimes ne tardent pas à coloniser ce milieu. Comme leurs racines retiennent les sédiments, peu à peu le sol devient plus épais et plus riche. Avec le temps, plusieurs espèces de plantes commencent à y pousser. Des animaux, tels des crustacés et des oiseaux pêcheurs, s'installent ensuite dans les marais salés.

Les terres humides salines sont importantes pour les littoraux. Elles servent de zones de protection entre la terre ferme et l'océan en brisant les vagues avant qu'elles n'atteignent le rivage et aussi en filtrant l'eau de ruissellement avant qu'elle ne retourne dans l'océan.

Les marécages de la mangrove

Ce périophtalme est un poisson insolite, capable de grimper aux racines arquées des arbres de la mangrove et pouvant survivre hors de l'eau de courtes périodes de temps.

Les marécages de la mangrove sont des zones humides salines qui se forment le long des littoraux océaniques des régions **tropicales**. Tout comme les marais salés, ils sont affectés par les marées et sont généralement protégés des climats rigoureux. Ces marécages sont constitués de plantes émergentes et de plusieurs espèces d'arbres propres aux mangroves.

Les végétaux et les animaux meurent lorsque le sel s'accumule en trop grande quantité dans leur organisme. Les êtres vivants qui habitent les terres humides salines doivent donc se débarrasser de leur surplus de sel. Les arbres des mangroves emmagasinent le sel provenant de l'eau saline dans leurs feuilles. Ensuite ces feuilles tombent, laissant ainsi échapper l'excédent de sel.

Les hippopotames vivent dans les zones marécageuses des mangroves africaines.

La vie dans les marécages de la mangrove

Les premiers végétaux à coloniser les marécages de la mangrove sont les ruppies maritimes qui retiennent les sédiments. Lorsque la terre s'accumule en quantité suffisante, les graines des palétuviers peuvent germer. Lorsque ces arbres deviennent plus gros, leurs racines forment des arceaux enchevêtrés au-dessus de la surface de l'eau. Ces racines, qui servent d'abri à une grande variété d'animaux, retiennent des sédiments. Cela favorise la croissance d'autres sortes d'arbres de la mangrove. Les arbres atteignent différentes hauteurs, et leurs racines poussent en prenant différentes formes. L'habitat qui en résulte sert d'abri à une grande variété d'oiseaux et de mammifères.

Les palétuviers roses et les palétuviers noirs sont les premiers arbres qui ont colonisé ce marécage récemment formé.

25

Les dangers qui guettent les terres humides

Jusqu'à tout récemment, la plupart des gens pensaient que les terres humides étaient des zones inutiles puisqu'il était impossible de les cultiver ou d'y installer des constructions. Les terres humides ont souvent été drainées pour faire place à des fermes, des routes et des édifices. Depuis le 17e siècle, plus de la moitié des terres humides de la planète ont été détruites. Aujourd'hui, les gens commencent à prendre conscience du rôle important que jouent ces zones humides dans l'équilibre de l'environnement. Cela dit, elles ne sont pas encore hors de tout danger ! Il est maintenant interdit de drainer les terres humides dans plusieurs régions du monde, mais dans d'autres, les gouvernements continuent d'encourager le drainage de ces zones pour y pratiquer l'agriculture. De plus, un peu partout sur la planète, la pollution menace la survie des terres humides et de la faune qu'elles abritent.

La pollution de l'eau

Bien que plusieurs plantes des terres humides soient capables d'absorber la pollution de l'eau, elles ne peuvent pas toute la filtrer. Plus la pollution pénètre dans une terre humide, plus les plantes en absorbent de grandes quantités. Comme les plantes finissent par périr, l'eau cesse d'être filtrée. Les animaux qui s'abreuvent dans les terres humides deviennent à leur tour malades à cause de cette pollution.

Au bout de la chaîne alimentaire

Plusieurs polluants, comme les pesticides, se dissolvent dans l'eau puis s'infiltrent dans les terres humides. En grandes quantités, ces substances empoisonnent les végétaux et les animaux. La quantité de poison qui se retrouve dans le corps des animaux augmente à chaque maillon de la chaîne alimentaire. Par exemple, les insectes recueillent une infime partie de cette pollution. Les poissons mangent cependant beaucoup d'insectes. Conséquemment, ils se retrouvent avec de plus grandes quantités de polluants dans leur organisme. Les animaux qui se nourrissent de poissons, comme les oiseaux et les ours, se retrouvent avec encore plus de poison dans leur corps. Plusieurs oiseaux de proie de l'Amérique du Nord sont **menacés de disparition** en raison de ce processus de bioamplification.

Lorsque les terres humides sont drainées, leur sol est utile à la pratique de l'agriculture pour une courte période de temps. Avant longtemps, la terre s'assèche et doit être irriguée, c'est-à-dire arrosée artificiellement.

Plusieurs oiseaux meurent parce qu'ils ont mangé des poissons contenant des polluants. Lorsque des maillons d'une chaîne alimentaire disparaissent, toutes les autres parties en souffrent.

Sauvons les Everglades

Situés en Floride, les Everglades renferment d'immenses zones humides d'eau salée. Ils sont constitués de marais et de régions marécageuses qui procurent des abris et de la nourriture à une faune abondante et variée, comprenant le héron bleu, de même que l'alligator américain, montré à la page suivante. Les cyprès, les palmiers, les chênes et les palétuviers, de même qu'une grande variété de plantes, arrivent à survivre dans ce milieu marécageux.

Emménager

Dans les Everglades, l'été est la saison des pluies et l'hiver est la saison sèche. Durant la saison sèche, certains animaux partent tandis que d'autres s'enterrent dans la boue jusqu'à ce que la pluie recommence à tomber. Pour survivre à la saison sèche, les alligators creusent des trous qui se remplissent d'eau. Plusieurs animaux, comprenant des poissons, des tortues et des serpents s'installent dans ces trous avec les alligators, jusqu'au retour des pluies. Quelquefois, les tortues pondent leurs œufs dans ces trous !

Le tantale d'Amérique fait partie des espèces animales menacées de disparition dans les Everglades.

Le drainage

Dans les années 1900, peu de gens avaient conscience du fait que les Everglades constituaient un habitat unique et important. Ils ont drainé de vastes zones marécageuses pour y ériger des maisons et ont ensuite construit des barrages pour contenir l'eau loin de ces nouvelles demeures. L'habitat de plusieurs végétaux et de plusieurs animaux a alors été détruit. Le drainage et le défrichage ont continué jusqu'à ce que les autorités gouvernementales s'aperçoivent que plusieurs animaux vivant dans les Everglades étaient incapables de survivre ailleurs. Une menace sérieuse pèse sur la survie de ces animaux.

Préservons cette zone humide

Lorsque les gens se sont aperçus de la valeur des Everglades, ils ont commencé à faire des efforts pour sauvegarder les terres humides. Une partie des Everglades a été érigée en parc national. Les espèces végétales et animales qui y vivent sont protégées par le gouvernement.

La protection est-elle suffisante?

Protégés ou non, les Everglades sont néanmoins menacés par la pollution. Si les dommages ne cessent pas, l'habitat de plusieurs espèces pourrait bien être détruit.

Les terres humides sont indispensables

Les terres humides fournissent aux oiseaux migrateurs un lieu de nidification sécuritaire. Les oisillons, tels ces canetons, ont alors le temps de se développer.

Garder la trace

La jauge blanche installée dans ce marais sert à mesurer le niveau de l'eau. Pendant les fortes pluies, les terres humides absorbent l'eau qu'elles libèrent ensuite lentement. Lorsque les terres humides sont détruites, l'eau n'étant pas absorbée, des inondations peuvent endommager les communautés environnantes.

Les terres humides sont nécessaires pour maintenir la santé de la planète. Elles filtrent la pollution de l'eau et réduisent les dommages causés par les inondations en absorbant de grandes quantités de pluie. Elles préviennent aussi l'érosion. De plus, les terres humides fournissent aux animaux des milieux où ils peuvent vivre et se reproduire.

Garder au frais

Les tourbières peuvent contribuer à réduire le réchauffement de la planète en diminuant la quantité de gaz carbonique contenue dans l'atmosphère. Le gaz carbonique est un gaz à effet de serre, car il retient la chaleur du soleil près de la surface de la Terre, ce qui provoque une hausse de la température. Depuis le siècle dernier, les humains ont contribué à faire augmenter le taux de gaz carbonique dans l'atmosphère en brûlant du **carburant fossile**, comme le charbon et l'essence. Plusieurs scientifiques pensent que la tourbe peut absorber la majeure partie du gaz carbonique excédentaire, ce qui contribue à ralentir le réchauffement de la planète.

Restaurer les terres humides

Lorsqu'elles ont pris conscience de l'importance des terres humides, certaines personnes ont commencé à développer des programmes pour les protéger. Plusieurs groupes travaillent à la restauration des terres humides qui ont été drainées. Lorsqu'un milieu humide est restauré, les animaux qui y vivaient auparavant y reviennent rapidement. Un habitat humide peut se développer pendant plusieurs années s'il est protégé.

Va observer sur place

Plusieurs oiseaux migrateurs utilisent les terres humides comme aires de repos. Les oiseaux restent aussi dans les terres humides pour se reproduire et élever leurs petits. Visite une terre humide près de chez toi et observe les différentes espèces d'oiseaux. Mais rappelle-toi bien, il ne faut jamais toucher ou déranger les animaux que l'on voit ni laisser de déchets sur les lieux!

Pour en savoir davantage

Pour contribuer à la protection des terres humides, il faut apprendre le plus possible à leur sujet. Essaie de découvrir ce que toi et ta famille pouvez faire pour réduire la pollution de l'eau. Renseigne-toi au sujet des programmes locaux de protection ou de restauration des terres humides.

Glossaire

acide   Se dit d'un sol contenant des taux élevés d'acide qui entravent la croissance de plusieurs végétaux

amphibien   Animal à sang froid qui vit dans l'eau ou sur la terre

camouflage   Couleurs et marques que porte un animal lui permettant de se dissimuler dans son environnement

carburant fossile   Gaz naturel

chaîne alimentaire   Série d'étapes consistant chacune à manger ou à être mangé

condensation   Passage de l'eau sous forme gazeuse à la phase liquide

crustacé   Arthropode recouvert d'une enveloppe dure, possédant des membres articulés

cycle de l'eau   Passage de l'eau à l'état liquide, solide et gazeux

évaporation   Transformation de l'eau sous forme liquide en vapeur

gaz carbonique   Gaz utilisé par les végétaux dans le processus de photosynthèse

habitat   Milieu de vie naturel d'une plante ou d'un animal

mammifère   Animal à sang chaud qui donne naissance à des rejetons viables

marée   Mouvement de l'eau de la mer provoqué par l'attraction de la lune et du soleil

menacé(e) de disparition   Se dit des espèces qui pourraient disparaître de la planète dans un avenir proche

microscopique   Se dit d'un organisme si petit qu'il ne peut être observé qu'à l'aide d'un microscope

nutriment   Substance nécessaire à la croissance et à la santé des animaux, laquelle est obtenue par la nourriture qu'ils ingèrent

oxygène   Gaz qui constitue l'air et qui est nécessaire à la survie des animaux

pesticide   Produit chimique qui détruit les insectes

plante carnivore   Plante qui se nourrit d'insectes

pollinisation   Processus par lequel le pollen est transporté d'une plante à une autre en vue de produire des graines

pollution   Substance qui dégrade ou détruit l'environnement

prédateur   Animal qui chasse et mange d'autres animaux pour se nourrir

reproduire (se)   Engendrer une progéniture

reptile   Animal à sang froid qui pond des œufs

tropical   Se dit des régions situées près de l'équateur

Index